Martina Zars

Schmuckideen in Serviettentechnik

Ravensburger Ratgeber
im Urania Verlag

Inhalt

Vorwort

Aparte Broschen, hübsche Ringe, originelle Ohrringe, lustige Haarspangen – in diesem Buch finden Sie Gestaltungsideen in Serviettentechnik für Schmuckstücke aller Art, sowohl für Kinder wie auch für Erwachsene.

Sie müssen kein geübter Bastler sein, um Schmuck selbst herzustellen und zu verzieren. Auf einfache Weise und mit nur wenig Material können die fantasievollsten und außergewöhnlichsten Stücke geschaffen werden.

Die hier vorgestellten Ideen sind vornehmlich als Anregungen gedacht, lassen Sie Ihrer Fantasie einfach freien Lauf. Dank des breiten Angebots an bedruckten Servietten finden Sie sicherlich zahlreiche Motive, die Ihrem Geschmack entsprechen. Die ausgewählten Bilder oder Muster werden ausgeschnitten und mit Spezialkleber auf den Untergrund geklebt. Sie werden sehen, Sie erzielen professionell wirkende, kunst- und stilvolle Resultate.

Auf den folgenden Seiten zeige ich Ihnen Schmuck mit witzigen, exotisch anmutenden und auch klassischen Motiven. Machen Sie sich die Vielfalt der Gestaltungsmöglichkeiten zunutze und fertigen Sie individuelle Schmuckstücke passend zu Ihrer Kleidung, für festliche Anlässe ebenso wie für gewöhnliche Tage. Werden Sie Ihr eigener Schmuckdesigner!

Viel Spaß beim Basteln wünscht Ihnen

Ihre Martina Zars

Material & Werkzeug

SERVIETTEN UND GESCHENKPAPIER:
Papierservietten und Geschenkpapier gibt es in zahlreichen Varianten. Bringen Sie immer nur die oberste bedruckte Papierlage der Serviette auf das Schmuckstück auf.

SCHNEIDEN:
Zum Ausschneiden der Motive verwenden Sie am besten eine kleine spitze Schere oder einen Cutter. Die Motive können auch behutsam aus der Serviette gerissen werden.

FARBEN:
Zum Grundieren der Schmuckstücke verwenden Sie Acrylfarben und Gouachefarbe Liquide. Diese Farben sind wasserlöslich, untereinander mischbar und witterungsbeständig.

SPEZIALKLEBER:
Zum Fixieren der Motive benötigen Sie Spezialkleber (Leim) wie z.B. Transferlack oder Mod Podge. Bei der Verwendung von Mod Podge Out Door muss das Objekt nicht mehr lackiert werden, da dieser Kleber nach dem Trocknen nicht mehr wasserlöslich ist.

LACK:
Wurde zum Aufbringen des Motivs Transferlack oder normales Mod Podge verwendet, sollte das gestaltete Objekt abschließend mit Klar- oder Mattlack überzogen werden.

KLEBSTOFF:
Zopfspangen und Ohrclips werden mit Heißkleber auf der Rückseite der Motive befestigt.

SONSTIGES:
Mit einem Haarföhn kann der Trocknungsprozess des Spezialklebers beschleunigt werden. Für glänzende Akzente eignet sich Glitzerpulver in Gold.

Des Weiteren benötigen Sie je nach Gestaltung des Schmuckstücks ein Bügeleisen, Backpapier und – wenn das Objekt künstliche "Patina" erhalten soll – einen Krakelierlack.

ARBEITSPLATZ:
Schützen Sie den Tisch mit einer Arbeitsunterlage aus einer dicken Lage Papier, einem Karton oder einer Kunststofftischdecke.

WER – WO – WAS:
Geschenkpapier und Papierservietten finden Sie fast überall im Handel.

Die passenden Schneideutensilien, Spezialkleber, Farben und Lack sind im Hobby-Fachgeschäft erhältlich. Dort bekommen Sie außerdem Broschennadeln, Zopfspangen und alle weiteren verwendeten Bastelmaterialien.

So wird's gemacht

Grundieren Sie das metallene Schmuckstück mit einer zum Serviettenmotiv passenden Acrylfarbe. Verwenden Sie hierfür einen Borsten- oder einen Nylonpinsel. Bei der Wahl der Farbe sollten Sie beachten, dass ein dunkler Untergrund durch das Serviettenpapier hindurchscheint. Die Motive kommen besser zur Geltung, wenn die Grundierung in hellen Farbtönen angelegt wird. Aus Laternenfolie hergestellter Schmuck muss nicht grundiert werden, da diese Folie eine milchig weiße Oberfläche aufweist.

Schneiden oder reißen Sie das Motiv aus der Serviette aus.

Aufgepasst: Eine Serviette besteht oftmals aus drei Papierlagen. Für die Serviettentechnik wird immer nur die oberste Lage verwendet.

Nach dem Trocknen der Grundierung wird gleichmäßig Spezialkleber (Leim) wie Transferlack oder Mod Podge Out Door auf das Schmuckstück aufgetragen. Dann wird das Motiv in den feuchten Kleber gelegt. Das Motiv kann nun vorsichtig mit den Fingern in die richtige Position geschoben, angedrückt und mit den Fingern oder dem Pinsel ausgestrichen werden.

Das Serviettenmotiv gut durchtrocknen lassen. Danach wird eine weitere Schicht Spezialkleber von der Mitte des Motivs zum Rand hin aufgetragen.

Aufgepasst: Die dünne Papierschicht reißt schnell ein!

Im feuchten Zustand können die Motive noch verschoben oder wieder abgelöst werden. Wenn das aufgebrachte Serviettenpapier bereits angetrocknet und noch nicht lackiert ist, legen Sie das Schmuckstück in warmes Wasser; nach einiger Zeit kann das Motiv nebst der Acrylfarbe abgelöst werden.

Sollte das Motiv bereits angetrocknet, Sie aber mit dem Resultat nicht zufrieden sein, können Sie das Ganze einfach deckend mit Acrylfarbe überstreichen. Danach verfahren Sie wie oben beschrieben und kleben ein neues Serviettenmotiv auf.

Für einen dreidimensionalen Effekt wird das Serviettenmotiv mehrfach ausgeschnitten. Ein Motiv auf dem Schmuckstück befestigen, die weiteren Exemplare auf Laternenfolie oder Fotokarton aufkleben. Dann die auf der Folie oder dem Karton befestigten Ausschnitte entlang den Konturen ausschneiden. Etwas Modelliermasse auf die Motivunterseite aufbringen und das Ganze an der gewünschten Stelle auf dem Schmuck befestigen.

Zum Abschluss können die Schmuckstücke zum Schutz gegen Feuchtigkeit und Schmutz mit Lack versiegelt werden. Sie haben die Wahl zwischen einem Klar- oder einem Mattlack.

Anstelle von Servietten kann dünnes Geschenkpapier für die Serviettentechnik verwendet werden.

Tipps und Tricks

China- und Japanservietten bestehen aus nur einer Lage und sind hauchdünn. Sie lassen sich sehr gut reißen.

Zum Grundieren kleiner Flächen verwenden Sie am besten einen Nylonpinsel in der Stärke 2.

Für den faltenfreien Auftrag eines größeren Motivs können Sie dieses mit einem Bügeleisen aufbügeln. Hierfür den Spezialkleber auftragen und trocknen lassen. Das Motiv auflegen, mit Backpapier bedecken und mit dem Bügeleisen, Temperatureinstellung Baumwolle, fixieren. Die Wärme lässt den Kleber schmelzen, der sich so mit der Serviette verbindet. Das Backpapier ein wenig abkühlen lassen und vorsichtig abnehmen.

Soll das zu gestaltende Objekt ein antikes, rissiges Aussehen erhalten, verwenden Sie Krakelierlack. Dieser Lack wird mit dem Pinsel direkt auf den Untergrund gestrichen und nach dem Trocknen mit einer weiteren Farbschicht überzogen. Krakelierlack kann auch zwischen zwei Farbschichten aufgebracht werden; achten Sie darauf, dass jede Farb- und Lackschicht erst nach dem Trocknen überstrichen werden darf, da sich sonst keine Risse bilden.

Beim Auftragen des Krakelierlacks den Pinsel nur in eine Richtung führen.

Da Schmuckstücke gelegentlich mit Wasser in Berührung kommen, empfiehlt sich zum Versiegeln ein nicht wasserlöslicher Lack.

Schmuckschatulle mit Federn

MATERIAL

ovale Styroporschachtel
Acrylfarbe weiß
Pinsel
Servietten Bambusmotiv
Spezialkleber, Schere
Federn, Klarlack

Die Schachtel zunächst mit weißer Acrylfarbe grundieren und trocknen lassen. Anschließend den Deckel der Schachtel mit Spezialkleber bestreichen, die oberste Lage einer Serviette ablösen und auf den Deckel auflegen. Streichen Sie das Papier mit dem Pinsel oder den Fingern behutsam von innen nach außen aus.

Dann die oberste Lage einer zweiten Serviette in oben beschriebener Weise auf den Unterteil der Schachtel aufbringen. Nach dem Trocknen des Papiers die Überstände mit der Schere abschneiden und eine weitere Schicht Spezialkleber auf die Schachtel auftragen. Die Federn auf den Deckel auflegen und fest auf den Untergrund drücken. Das Ganze wiederum trocknen lassen.

Abschließend die Schachtel mit Lack versiegeln.

Schmuckschachtel mit Herzen

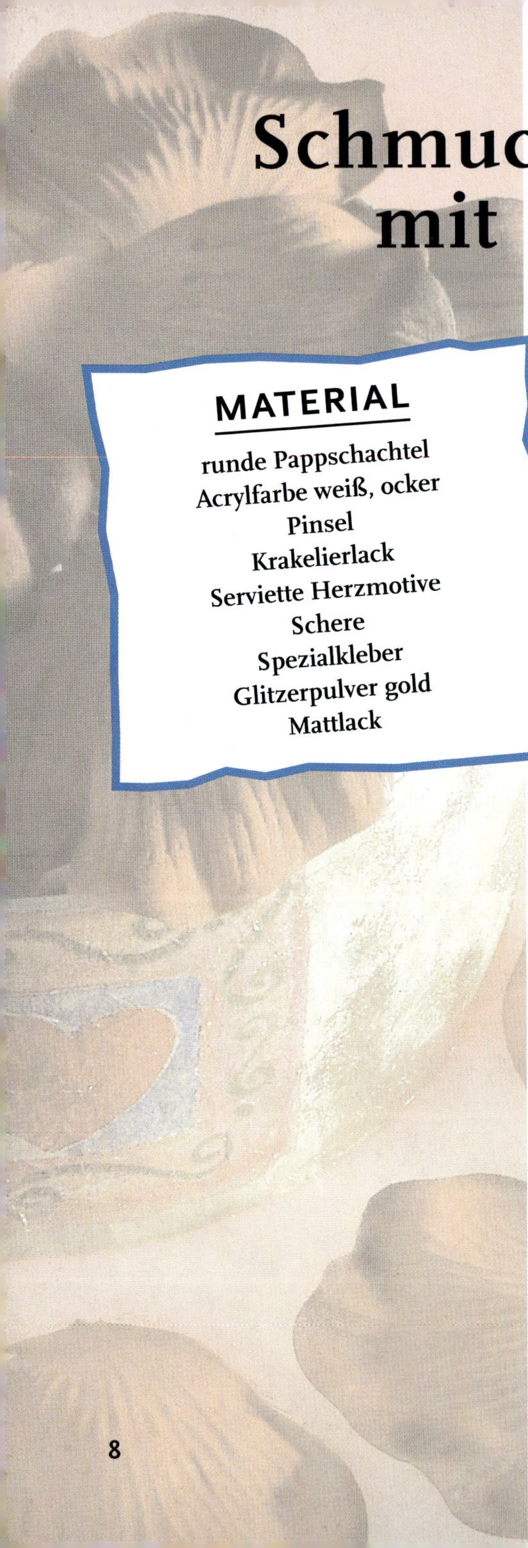

MATERIAL

runde Pappschachtel
Acrylfarbe weiß, ocker
Pinsel
Krakelierlack
Serviette Herzmotive
Schere
Spezialkleber
Glitzerpulver gold
Mattlack

Grundieren Sie das Unterteil der Schachtel mit weißer, den Deckel mit ockerfarbener Acrylfarbe. Die Farbe gut durchtrocknen lassen. Dann eine dünne Schicht Krakelierlack auftragen. Nach dem Trocknen des Lacks den Deckel mit weißer Acrylfarbe streichen, auf das Schachtelunterteil ockerfarbene Acrylfarbe aufbringen. Das Ganze wiederum gut trocknen lassen.

Nun ein großes und mehrere kleinere Motive aus der Serviette ausschneiden und die beiden unteren Papierlagen entfernen. Die Schachtel gleichmäßig mit Spezialkleber bestreichen. Dann das große Motiv auf den Deckel, die übrigen Motive rund um die Schachtel auflegen. Streichen Sie das Papier mit den Fingern oder dem Pinsel von innen nach außen sanft aus.

Nach dem Trocknen nochmals Spezialkleber auftragen und mit dem Pinsel goldenes Glitzerpulver aufbringen. Alles gut durchtrocknen lassen.

Zum Schluss die Schachtel mit Lack überziehen.

HAPPY

Haarspange mit Elefantenmotiv

MATERIAL

Serviette Elefantenmotiv
Zopfspange aus Holz
Spezialkleber
Pinsel
Klarlack

Zunächst das Elefantenmotiv vorsichtig aus der Serviette reißen und die beiden unteren Papierlagen entfernen. Dann die Zopfspange dünn und gleichmäßig mit Spezialkleber bestreichen und das Motiv auflegen. Das Serviettenpapier wird mit dem Pinsel oder den Fingern von innen nach außen behutsam ausgestrichen. Das Motiv gut trocknen lassen und eine weitere Schicht Spezialkleber auftragen. Wiederum gut durchtrocknen lassen.

Zum Schluss wird das Ganze mit Klarlack versiegelt.

Haarspangen für Kinder

Für die Haarspangen mit den Kindermotiven die Bilder mit etwas Zugabe aus der Serviette ausschneiden. Die beiden unteren Papierlagen entfernen. Dann die Laternenfolie gleichmäßig mit Spezialkleber bestreichen und die Motive auflegen. Das Serviettenpapier wird mit dem Pinsel oder den Fingern von innen nach außen sanft ausgestrichen. Nach dem Trocknen der Motive eine weitere Schicht Kleber auftragen und die Bildränder mit blauem Glitzerpulver bestreuen. Lassen Sie das Ganze gut durchtrocknen. Anschließend die Bildmotive entlang den Konturen ausschneiden.

Mit Heißkleber je ein Wackelauge auf die Motive kleben. Zuletzt die Zopfspange auf die Unterseite der Folie kleben.

Für die Spange mit dem Mond das Motiv in der oben beschriebenen Weise ausschneiden und auf die Laternenfolie aufbringen. Nach dem Trocknen das Ganze nochmals mit Spezialkleber überziehen. Mit blauem Glitzerpulver Punkte und mit goldenem Glitzerpulver einen Mondmund aufbringen.

Gut trocknen lassen. Das Motiv entlang den Konturen ausschneiden und das Wackelauge aufkleben. Danach die Zopfspange auf der Folienunterseite befestigen.

Abschließend die Haarspangen mit Lack überziehen.

MATERIAL

Schere
Laternenfolie
Spezialkleber
Pinsel
Heißklebepistole
Klarlack

HAARSPANGEN MIT KINDERMOTIVEN:

Servietten Kindermotive
Glitzerpulver blau
Wackelaugen, Zopfspangen

HAARSPANGE MIT MONDMOTIV:

Serviette Mondmotiv
Glitzerpulver gold
Glitzerpulver blau
Wackelauge, Zopfspange

Collier mit chinesischen Schriftzeichen

MATERIAL

Serviette chinesische Schriftzeichen
Collier
Spezialkleber
Pinsel
Glitzerpulver gold
Mattlack

Reißen Sie zunächst die Motive in der entsprechenden Anzahl und Größe vorsichtig aus der Serviette aus und entfernen Sie die beiden unteren Papierlagen. Dann das Collier gleichmäßig mit Spezialkleber bestreichen und die Motive auflegen. Streichen Sie das Papier mit den Fingern oder dem Pinsel behutsam von der Mitte zum Rand hin aus. Das Ganze gut durchtrocknen lassen. Anschließend eine weitere Schicht Spezialkleber auftragen und mit einem Pinsel goldenes Glitzerpulver auf das Collier aufbringen. Wiederum gut trocknen lassen.

Zum Schluss wird das Schmuckstück mit Mattlack versiegelt.

Muschel- und Holzamulett

MATERIAL

Schere
Spezialkleber
Pinsel
Alufolie, Klarlack

MUSCHELAMULETT:
Serviette Fischmotive
Muschel mit Loch
Lederband braun

HOLZAMULETT:
Serviette chinesische Schriftzeichen
Holzscheibe mit Loch
Lederband schwarz

Die Motive aus den Servietten ausschneiden und die beiden unteren Papierlagen entfernen. Dann die Alufolie gleichmäßig mit Spezialkleber bestreichen und die Motive auflegen. Das Serviettenpapier mit dem Pinsel oder den Fingern von innen nach außen behutsam ausstreichen. Nach dem Trocknen der Motive eine weitere Schicht Kleber auftragen und das Ganze wiederum gut durchtrocknen lassen. Anschließend die Fische entlang den Konturen, die Schriftzeichen mit etwas Zugabe ausschneiden.

Nun die Muschel und die Holzscheibe mit Spezialkleber bestreichen und die Motive in der gewünschten Position vorsichtig auf den Untergrund drücken. Auf die Muschel die Fische, auf die Holzscheibe die chinesischen Schriftzeichen aufbringen. Die Motive werden von der Mitte zum Rand hin vorsichtig ausgestrichen.

Den Kleber trocknen lassen, dann die Motive nochmals mit Spezialkleber überstreichen und wiederum trocknen lassen. Zuletzt die Amulette mit Lack versiegeln.

Exotische Armreifen

MATERIAL

Schere
Spezialkleber
Pinsel,
Mattlack

ARMREIFEN MIT ANTIKEM MUSTER:
offener Armreifen aus Metall
Serviette antikes Ornament

ARMREIFEN IM ASIATISCHEN STIL:
2 Armreifen aus Plastik
Servietten asiatisches Muster
blau-gold, grün-gold
Glitzerpulver gold

Für den Armreifen mit antikem Muster wird ein der Länge und Breite des Reifens entsprechender Streifen aus der Serviette geschnitten. Die unteren beiden Papierlagen entfernen. Dann den Armreifen gleichmäßig mit Spezialkleber bestreichen und das Motiv auflegen. Das Papier mit dem Pinsel oder den Fingern von innen nach außen behutsam ausstreichen.

Lassen Sie das Ganze gut trocknen und überziehen Sie es anschließend mit einer weiteren Schicht Spezialkleber.

Für den blauen Armreifen im asiatischen Stil einen passenden Streifen aus der blau-goldenen Serviette reißen. Die unteren beiden Papierlagen entfernen und den Serviettenausschnitt wie oben beschrieben befestigen. Gut durchtrocknen lassen. Nochmals mit Spezialkleber bestreichen und mit dem Pinsel goldenes Glitzerpulver auf den Rand des Reifens aufbringen.

Aus der grün-goldenen Serviette werden für den grünen Armreifen vier kurze, der Breite des Reifens entsprechende Streifen gerissen. Den Armreifen mit Spezialkleber bestreichen und die Ausschnitte in gleichmäßigen Abständen in der oben beschriebenen Weise aufkleben. Nach dem Trocknen eine weitere Schicht Spezialkleber auftragen. Danach auf die leeren Flächen zwischen den Motiven goldenes Glitzerpulver aufbringen.

Die Armreifen gut trocknen lassen und mit Mattlack versiegeln.

Aparte Ohrringe

MATERIAL.

Schere
Spezialkleber
Pinsel

OHRRING MIT BLUMENTOPFMOTIV:
Serviette Gartenmotiv
Ohrring
dreieckiges Metallplättchen mit Loch
Klarlack

VOGELHAUSOHRRING:
Anhänger Vogelhaus
Ohrring
Acrylfarbe weiß
Serviette Schmetterling
Glitzerpulver gold

Für den Ohrring mit Blumentopfmotiv das Bild aus der Serviette ausschneiden und die beiden unteren Papierlagen entfernen. Das Metallplättchen gleichmäßig mit Spezialkleber bestreichen und das Motiv auflegen. Das Serviettenpapier wird von innen nach außen sanft ausgestrichen. Nach dem Trocknen des Motivs eine weitere Schicht Kleber auftragen und wiederum gut durchtrocknen lassen.

Anschließend das Ganze mit einer dünnen Schicht Lack versiegeln und trocknen lassen. Zuletzt den Ohrring durch das Loch im Metallplättchen stecken.

Grundieren Sie das Dach des Vogelhauses mit weißer Acrylfarbe und lassen

Sie die Farbe gut trocknen. Nun das Schmetterlingsmotiv aus der Serviette ausschneiden und die beiden unteren Lagen entfernen. Auf die untere Hälfte des Dachs Spezialkleber auftragen und das Motiv wie oben beschrieben aufbringen. Gut trocknen lassen.

Danach das gesamte Dach mit Spezialkleber überziehen und mit dem Pinsel auf die noch leere Dachhälfte goldenes Glitzerpulver aufbringen. Nach dem Trocknen den Ohrring am Aufhänger des Vogelhauses anbringen.

Federhaarspange

Bestreichen Sie die Laternenfolie gleichmäßig mit Spezialkleber. Die Federn auflegen und fest auf den Untergrund drücken. Nach dem Trocknen nochmals Spezialkleber auf die Federn auftragen. Anschließend die Folie entlang den Federumrissen ausschneiden.

Nun die kleinere Feder mit Spezialkleber mittig auf der größeren befestigen. Den Rand der großen Feder ca. 1 cm breit mit Spezialkleber bestreichen und mit Goldfolie verzieren. Dann mit dem Pinsel goldenes Glitzerpulver auf die Goldfolie aufbringen. Den Kiel der kleinen Feder mit blauem Glitzerpulver versehen.

Zuletzt mit Heißkleber die Zopfspange auf der Rückseite der Folie befestigen.

MATERIAL

Laternenfolie
Spezialkleber glänzend
Pinsel
2 unterschiedlich goße Federn lila
Schere
Goldfolie
Glitzerpulver gold
Glitzerpulver blau
Zopfspange
Heißklebepistole

Federohrringe

MATERIAL

Spezialkleber
Pinsel

OHRCLIP MIT PERLHUHNFEDER:
Fotokarton weiß
Cutter, Perlhuhnfeder
Ohrclip
Heißklebepistole

OHRRING MIT PFAUENFEDER:
Perlhuhnfeder
selbstklebende Folie
Schere, Ohrring
Quetschkalotte

Für den Ohrclip mit Perlhuhnfeder zunächst den Fotokarton der Größe der Feder entsprechend mit dem Cutter zuschneiden. Dann den Karton mit Spezialkleber bestreichen. Die Feder auflegen und fest auf den Untergrund drücken. Das Ganze trocknen lassen. Anschließend nochmals eine dünne Schicht Spezialkleber auf die Feder auftragen. Nach dem Trocknen den Ohrclip mit Heißkleber auf der Kartonrückseite befestigen.

Für den Pfauenfederohrring wird die Pfauenfeder auf selbstklebende Folie aufgebracht. Bestreichen Sie die Feder dünn mit Spezialkleber und lassen Sie sie gut durchtrocknen. Danach die Folie entlang dem Federumriss ausschneiden.

Zum Schluss den Ohrring mit einer Quetschkalotte am Federkiel befestigen.

Farbige Ringe

MATERIAL

Schere
Spezialkleber
Pinsel
Mattlack

SILBERRINGE MIT VERZIERUNG:
Ringe silber
Serviette Blumenmotive
Serviette Efeumotiv
Serviette Rosenmotiv

RING MIT DEKORIERTEM STEIN:
Ring mit Glaseinsatz
Serviette Blumenmotiv

Schneiden Sie die Motive in passender Größe aus den Servietten aus und entfernen Sie die beiden unteren Papierlagen. Die Ringe mit Spezialkleber bestreichen und die Motive auf die gewünschten Stellen auflegen. Das Serviettenpapier wird mit den Fingern oder dem Pinsel sanft von innen nach außen ausgestrichen. Das Ganze trocknen lassen und nochmals dünn mit Spezialkleber überstreichen.

Nach dem Trocknen die verzierten Ringe dünn mit Mattlack versiegeln.

Ausgefallene Broschen

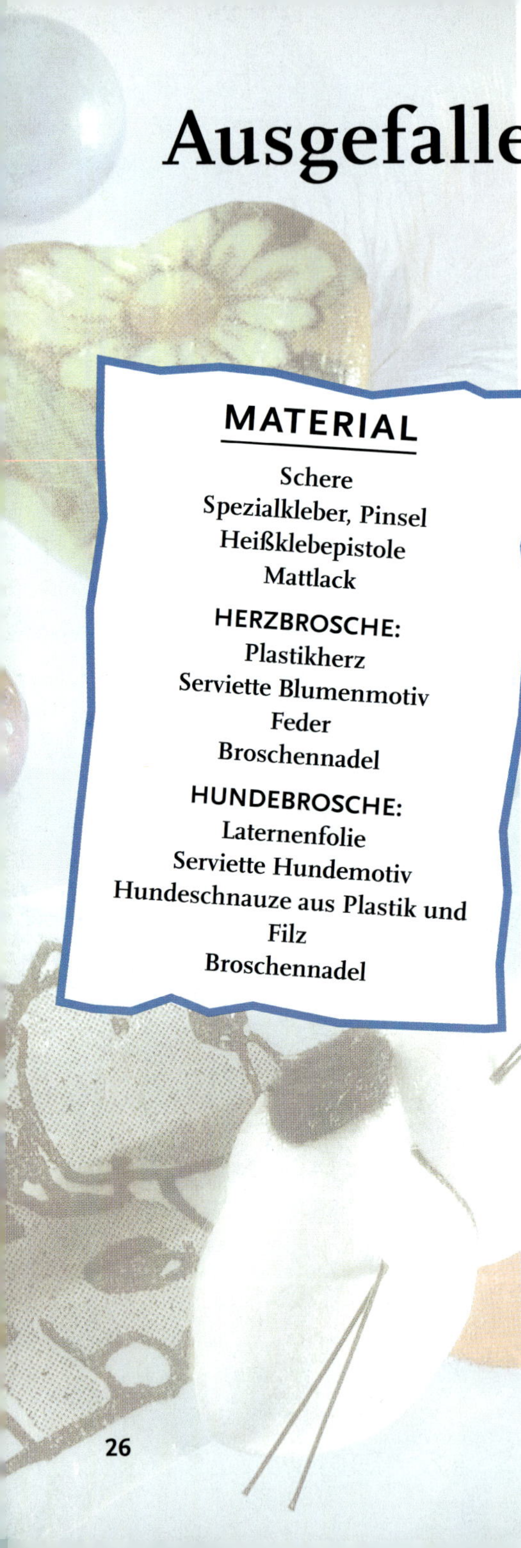

MATERIAL

Schere
Spezialkleber, Pinsel
Heißklebepistole
Mattlack

HERZBROSCHE:
Plastikherz
Serviette Blumenmotiv
Feder
Broschennadel

HUNDEBROSCHE:
Laternenfolie
Serviette Hundemotiv
Hundeschnauze aus Plastik und Filz
Broschennadel

Für die Herzbrosche das Blumenmotiv passend aus der Serviette ausschneiden und die beiden unteren Papierlagen entfernen. Bestreichen Sie das Plastikherz gleichmäßig mit Spezialkleber und legen Sie das Motiv auf. Das Papier mit den Fingern oder dem Pinsel behutsam von der Mitte zum Rand hin ausstreichen.

Das Ganze trocknen lassen. Dann mit einer weiteren Schicht Spezialkleber überziehen und wiederum trocknen lassen. Anschließend die Feder mit Heißkleber auf der Herzrückseite befestigen. Zuletzt die Broschennadel aufkleben.

Das Motiv für die Hundebrosche mit etwas Zugabe aus der Serviette ausschneiden und die beiden unteren Papierlagen ablösen. Eine dünne Schicht Spezialkleber auf die Laternenfolie auftragen und das Motiv in der oben beschriebenen Weise aufbringen. Nach dem Trocknen das Hundemotiv nochmals mit Spezialkleber überziehen und wiederum trocknen lassen. Danach das Motiv in der gewünschten Größe ausschneiden.

Nun die Hundeschnauze mit Heißkleber auf dem Motiv aufbringen. Auf der Rückseite der Folie die Broschennadel fixieren.

Zum Schluss die Broschen mit Mattlack versiegeln.

Creolen mit Zitronen

MATERIAL

Geschenkpapier Zitronenmotive
Schere
Fotokarton
Spezialkleber
Pinsel
Modelliermasse
Creolen
Heißklebepistole
Metallblatt (Schlagmetall)
Mattlack

Schneiden Sie zunächst drei Zitronenmotive aus dem Geschenkpapier aus. Dann den Fotokarton gleichmäßig mit Spezialkleber bestreichen und die Motive auflegen. Das Papier von der Mitte zum Rand hin mit den Fingern ausstreichen. Das Ganze trocknen lassen und ein weiteres Mal mit Spezialkleber überziehen. Nach dem Trocknen werden die Motive entlang den Konturen ausgeschnitten.

Nun auf die Rückseite eines der Motive etwas Modelliermasse aufbringen und das Ganze leicht versetzt auf einem zweiten Zitronenmotiv platzieren. Die so entstandene dreidimensionale Dekoration mit Heißkleber an einer Creole befestigen. Das übrige Zitronenmotiv mit einem kleinen Metallblatt an der zweiten Creole fixieren.

Abschließend die Motive mit Mattlack versiegeln.

Ensemble in Azur

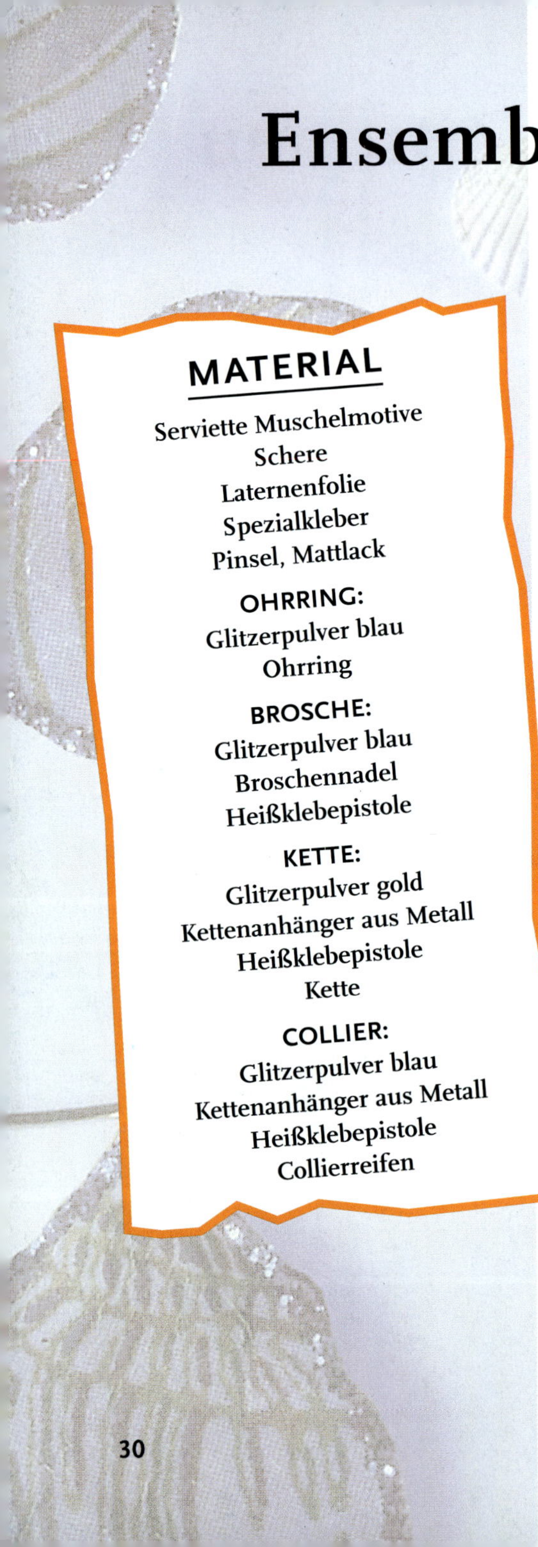

MATERIAL

Serviette Muschelmotive
Schere
Laternenfolie
Spezialkleber
Pinsel, Mattlack

OHRRING:

Glitzerpulver blau
Ohrring

BROSCHE:

Glitzerpulver blau
Broschennadel
Heißklebepistole

KETTE:

Glitzerpulver gold
Kettenanhänger aus Metall
Heißklebepistole
Kette

COLLIER:

Glitzerpulver blau
Kettenanhänger aus Metall
Heißklebepistole
Collierreifen

Für den Ohrring das Motiv mit etwas Zugabe aus der Serviette ausschneiden und die unteren beiden Papierlagen entfernen. Dann die Laternenfolie gleichmäßig mit Spezialkleber bestreichen und das Motiv auflegen. Streichen Sie das Papier mit den Fingern oder dem Pinsel von innen nach außen behutsam aus.

Nach dem Trocknen die Muschel entlang den Konturen ausschneiden. Anschließend eine weitere Schicht Spezialkleber auftragen und mit dem Pinsel blaues Glitzerpulver auf den Motivrand aufbringen. Trocknen lassen, am oberen Rand ein kleines Loch einstechen und den Ohrring durch das Loch ziehen.

Bei der Brosche ebenso verfahren. Als letzter Arbeitsschritt wird anstelle des Ohrrings eine Broschennadel mit Heißkleber auf der Folienrückseite befestigt.

Für das Collier und die Kette schneiden Sie jeweils ein Muschelmotiv aus und bringen es wie oben beschrieben auf Laternenfolie auf. An den Rändern mit blauem oder goldenem Glitzerpulver versehen. Nach dem Trocknen jeweils einen Kettenanhänger aus Metall auf der Rückseite der Motive mit Heißkleber fixieren.

Danach den blau geränderten Anhänger am Collier, den Anhänger mit Goldrand an der Kette anbringen.

Zuletzt alle aufgebrachten Motive mit Lack versiegeln.

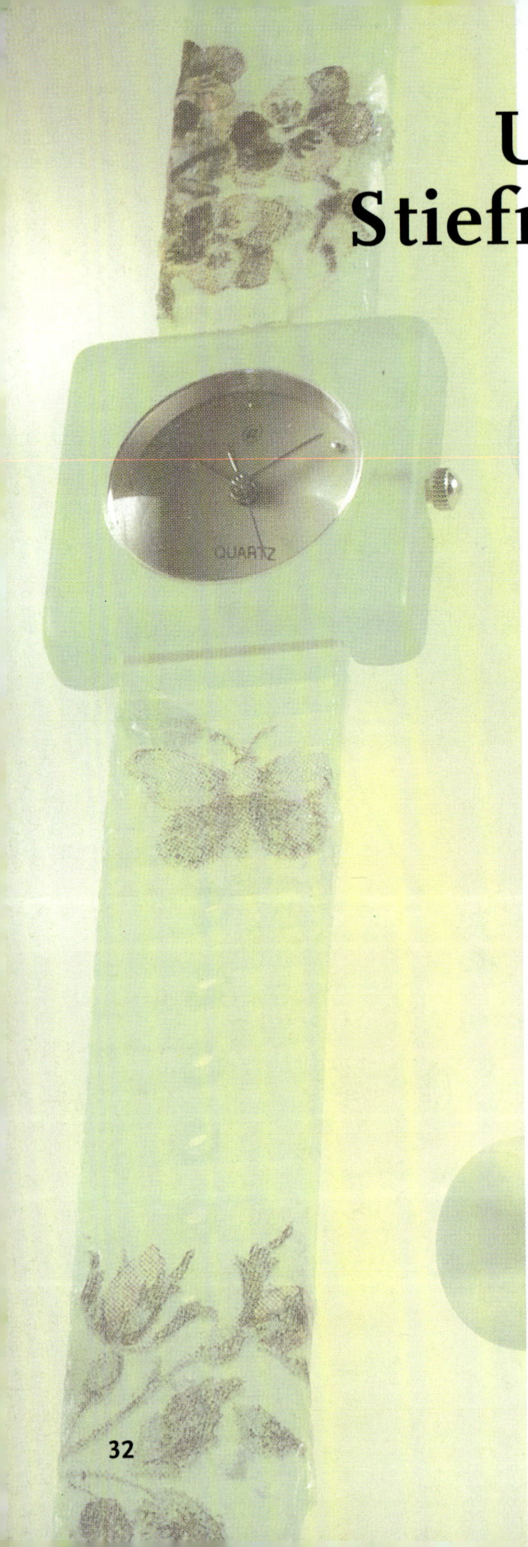

Uhr mit Stiefmütterchen

MATERIAL

Serviette Stiefmütterchen
Uhr mit Plastikarmband
Spezialkleber
Pinsel
Mattlack

Reißen Sie einige Motive in passender Größe aus der Serviette aus und entfernen Sie die beiden unteren Papierlagen. Anschließend das Uhrenarmband gleichmäßig mit Spezialkleber bestreichen und die Motive auf die gewünschten Stellen auflegen. Das Serviettenpapier wird von der Mitte zum Rand hin vorsichtig ausgestrichen.

Das Ganze trocknen lassen. Dann eine weitere Schicht Spezialkleber auf die aufgebrachten Motive auftragen und wiederum trocknen lassen. Zuletzt das Armband mit Mattlack versiegeln.

Ensemble in Kupfer

MATERIAL

Schere, Spezialkleber
Pinsel, Kupferfolie, Klarlack

HAARSPANGE:
Serviette Seesternmotiv
runde Haarspange aus Metall

BROSCHEN:
Serviette antikes Ornament
2 dreieckige Glasplättchen
2 Broschennadeln
Heißklebepistole
Metallblatt (Schlagmetall)

Für die Haarspange das Seesternmotiv in passender Größe aus der Serviette ausschneiden und die unteren beiden Papierlagen ablösen. Dann eine dünne Schicht Spezialkleber auf die Haarspange auftragen. Das Motiv auflegen und mit den Fingern oder dem Pinsel von der Mitte zum Rand hin sanft ausstreichen.

Nach dem Trocknen das Motiv nochmals mit Spezialkleber überstreichen und den Rand mit Kupferfolie verzieren. Das Ganze wiederum gut durchtrocknen lassen. Zum Schluss versiegeln Sie die Haarspange mit Klarlack.

Für die Broschen schneiden Sie zwei den Glasplättchen entsprechende Dreiecke aus der Serviette aus und entfernen die beiden unteren Papierlagen. Die Glasplättchen gleichmäßig mit Spezialkleber bestreichen und die Motive auflegen. Das Serviettenpapier wird von innen nach außen ausgestrichen. Nach dem Trocknen das dekorierte Glas nochmals mit einer dünnen Schicht Spezialkleber überziehen und an einigen Stellen Kupferfolie aufbringen. Alles gut trocknen lassen. Anschließend jeweils eine Broschennadel mit Heißkleber an der Rückseite der Glasplättchen befestigen. Auf den Rand einer Brosche ein kleines Metallblatt aufkleben.

Zuletzt die Broschen dünn mit Klarlack überziehen.

Ensemble Afrika

MATERIAL

Schere, Spezialkleber
Pinsel, Mattlack

ARMREIFEN:
Serviette Leopardenmuster
offener Armreifen aus Metall

AMULETT:
Serviette Tigerkopf
Fotokarton
Heißklebepistole
Holzscheibe mit Loch
Lederband rot

HAARSPANGE:
Serviette Tigerkopf
Fotokarton, Zopfspange
Heißklebepistole

ARMBAND:
Serviette Tigerkopf
Alufolie
Armband aus Kunstleder

Für den Armreifen einen passenden Streifen aus der Serviette ausschneiden und die unteren beiden Papierlagen entfernen. Dann den Armreifen mit Spezialkleber bestreichen und den Serviettenausschnitt auflegen. Das Papier von innen nach außen behutsam ausstreichen. Nach dem Trocknen eine weitere Schicht Spezialkleber aufbringen.

Für das Amulett und die Haarspange jeweils einen Tigerkopf mit etwas Zugabe ausschneiden und die beiden unteren Papierlagen entfernen. Die Motive in der oben beschriebenen Weise auf den Fotokarton kleben und trocknen lassen. Anschließend ein weiteres Mal Spezialkleber auftragen. Nach dem Trocknen die Motive

entlang den Konturen ausschneiden. Nun einen Tigerkopf mit Heißkleber auf der Holzscheibe fixieren. Das Lederband durch das Loch der Holzscheibe ziehen und die Bandenden verknoten. Auf die Rückseite des zweiten Tigerkopfmotivs mit Heißkleber die Zopfspange befestigen.

Einen Tigerkopf für das Armband mit etwas Zugabe ausschneiden und die beiden unteren Serviettenlagen ablösen. Wie oben beschrieben auf Alufolie kleben und trocknen lassen. Danach nochmals mit Spezialkleber überziehen. Nach dem Trocknen das Motiv entlang den Konturen ausschneiden und mit Heißkleber auf dem Armband aufbringen.

Zum Schluss versiegeln Sie alle aufgebrachten Motive mit einer dünnen Schicht Mattlack.

Die schöne Gärtnerin

MATERIAL

Schere, Fotokarton
Spezialkleber, Pinsel
Fun Liner blau
Metallkügelchen
Heißklebepistole
Klarlack

COLLIER:
Serviette Schubkarren
2 Metallblätter (Schlagmetall)
Nylonband mit Kettenverschluss schwarz

OHRCLIP:
Serviette Gießkanne
2 Metallblätter (Schlagmetall)
Ohrclip

HAARSPANGE:
Serviette Blumenkorb
2 Metallblätter
Zopfspange

Schneiden Sie die Motive mit etwas Zugabe aus der Serviette aus und entfernen Sie die beiden unteren Papierlagen. Danach den Fotokarton gleichmäßig mit Spezialkleber bestreichen und die Motive auflegen. Das Serviettenpapier wird von innen nach außen vorsichtig ausgestrichen. Nach dem Trocknen eine weitere Schicht Spezialkleber auftragen und wiederum trocknen lassen.

Nun die Motive entlang den Konturen ausschneiden. Die Ränder mit Fun Liner umfahren und in die feuchte Farbe Metallkügelchen streuen. Das Ganze trocknen lassen.

Für das Collier das Schubkarrenmotiv mit den Metallblättern am Nylonband fixieren. An den übrigen beiden Bildern am Rand jeweils zwei Metallblätter anbringen. Anschließend auf der Rückseite des Gießkannenmotivs mit Heißkleber den Ohrclip befestigen. Für die Haarspange auf die Rückseite des Blumenkorbs die Zopfspange aufbringen.

Zuletzt die Bilder dünn mit Lack bestreichen.

Colliers für den festlichen Abend

MATERIAL

Spezialkleber
Pinsel
Glitzerpulver gold
Mattlack

COLLIER GRÜN-GOLD:
Serviette asiatisches Muster grün-gold
Collier mit Lederband

COLLIER BLAU-GOLD:
Serviette asiatisches Muster blau-gold
Collier mit Stein und Lederband

Für das grün-goldene Collier das Motiv in passender Größe aus der Serviette reißen und die beiden unteren Papierlagen entfernen. Anschließend den Metallanhänger gleichmäßig mit Spezialkleber bestreichen und den Serviettenausschnitt auflegen. Streichen Sie das Papier mit den Fingern oder dem Pinsel von der Mitte zum Rand hin behutsam aus. Nach dem Trocknen eine weitere Schicht Spezialkleber auftragen und goldenes Glitzerpulver mit dem Pinsel auf das Motiv aufbringen.

Für das blau-gold verzierte Collier zwei kleine Stücke aus der Serviette reißen und die unteren beiden Lagen entfernen. Die Motive wie oben beschrieben aufkleben. Das Ganze trocknen lassen. Danach mit einer weiteren Schicht Spezialkleber überziehen und goldenes Glitzerpulver auftragen.

Nach dem Trocknen das Serviettenpapier dünn mit Lack bestreichen.

Schmetterlinge

MATERIAL

Geschenkpapier Schmetterlinge
Schere
Spezialkleber
Pinsel
selbstklebende Folie
Mattlack

OHRSCHMUCK:
Ohrstecker

BROSCHE:
Metallblatt (Schlagmetall)
Broschennadel
Heißklebepistole

HAARSPANGE:
Zopfspange
Heißklebepistole

Schneiden Sie die Schmetterlinge mit etwas Zugabe aus dem Geschenkpapier aus. Anschließend die Motive auf selbstklebende Folie aufbringen und entlang den Konturen ausschneiden.

Für den Ohrschmuck den Ohrstecker mittig in das Motiv einstecken und von hinten den Verschluss anbringen.

An dem für die Brosche vorgesehenen Schmetterlingsmotiv ein Metallblatt befestigen. Dann auf der Rückseite mit Heißkleber die Broschennadel aufbringen.

Für die Haarspange auf der Rückseite des letzten Motivs die Zopfspange mit Heißkleber fixieren.

Zum Schluss die Schmetterlinge mit Lack versiegeln.

Ensemble in Brauntönen

MATERIAL

Schere
Spezialkleber
Pinsel
Heißklebepistole
Klarlack

KETTE:
Serviette rötlich braun
Serviette Elefantenmotiv
Kette mit braunen Perlen und Metallscheibe
Fotokarton

BROSCHEN:
Serviette Geschenkpäckchen
ovales Plastikplättchen braun
dreieckiges Plastikplättchen braun
2 Broschennadeln

Für die Kette ein passendes Stück aus der rötlich braunen Serviette reißen und die beiden unteren Papierlagen entfernen. Anschließend die Metallscheibe dünn mit Spezialkleber bestreichen und das Serviettenpapier auflegen. Das Papier mit den Fingern oder dem Pinsel von innen nach außen ausstreichen. Nach dem Trocknen eine weitere Schicht Spezialkleber auftragen und wiederum trocknen lassen.

Nun das Elefantenmotiv mit etwas Zugabe ausschneiden und die unteren beiden Lagen entfernen. Bringen Sie das Motiv in der oben beschriebenen Weise auf den Fotokarton auf und lassen Sie es gut durchtrocknen. Dann nochmals eine dünne Schicht Spezialkleber auftragen und wiederum trocknen lassen. Das Motiv entlang den Konturen ausschneiden und mit Heißkleber auf die Metallscheibe kleben.

Für die Broschen die Geschenkmotive ausschneiden und die beiden unteren Papierlagen ablösen. Jeweils ein Motiv wie oben beschrieben auf die Plastikplättchen aufkleben. Nach dem Trocknen nochmals Spezialkleber auftragen. Das Ganze wiederum durchtrocknen lassen. Danach auf der Rückseite der Plättchen je eine Broschennadel mit Heißkleber fixieren.

Zum Schluss alle Motive mit Lack versiegeln.

Ensemble Asien

MATERIAL

Serviette chinesische Schriftzeichen
Schere, Spezialkleber matt
Pinsel, Mattlack

OHRCLIP:
halbrunder Spiegel
chinesisches Schriftzeichen
aus Holz
Heißklebepistole, Ohrclip

KETTE:
Naturstein weiß mit Loch
Alufolie
Lederband rot

BROSCHE:
halbrunder Spiegel
chinesisches Schriftzeichen
aus Holz
Heißklebepistole, Broschennadel

Für den Ohrclip reißen Sie vorsichtig ein chinesisches Schriftzeichen aus der Serviette aus und entfernen die beiden unteren Papierlagen. Bestreichen Sie eine Spiegelhälfte gleichmäßig mit Spezialkleber und legen Sie das Motiv auf. Das Serviettenpapier mit dem Pinsel oder den Fingern von der Mitte zum Rand hin sanft ausstreichen. Nach dem Trocknen des Motivs eine weitere Schicht Kleber auftragen und wiederum gut durchtrocknen lassen.

Dann das Schriftzeichen aus Holz mit Heißkleber auf der andere Hälfte des Spiegels befestigen. Zuletzt wird der Ohrclip auf die Unterseite des Spiegels geklebt.

Das Motiv für die Kette aus der Serviette ausschneiden. Die beiden unteren Papierlagen entfernen und das Motiv wie oben beschrieben auf den Stein aufbringen. Gut durchtrocknen lassen. Dann nochmals eine dünne Schicht Spezialkleber auftragen und wiederum trocknen lassen.

Anschließend das Lederband durch das Loch ziehen und die Bandenden verknoten.

Für die Brosche ein der Spiegelform entsprechendes Stück aus der Serviette reißen und die unteren Papierlagen entfernen. Der glänzende Spiegelrand sollte teilweise noch zu sehen sein. Bringen Sie das Papier in der oben beschriebenen Weise auf den Spiegel auf und lassen Sie das Ganze trocknen. Danach das Papier nochmals mit Spezialkleber überstreichen und trocknen lassen.

Das Schriftzeichen aus Holz mit Heißkleber auf das aufgebrachte Papier kleben. Die Broschennadel auf der Spiegelunterseite fixieren.

Zuletzt die Objekte mit Lack versiegeln.

Die Deutsche Bibliothek – CIP-Einheitsaufnahme
Ein Titeldatensatz für diese Publikation ist bei Der Deutschen Bibliothek erhältlich.
ISBN 3-332-01265-7

www.dornier-verlage.de
www.urania-ravensburger.de
1. Auflage September 2001

Umschlaggestaltung: Behrend & Buchholz, Hamburg
Fotos: die licht gestalten, Berlin
Modelle: Martina Zars
Lektorat: Berliner Buchwerkstatt, Vera Olbricht/Ivana Jokl
Gestaltung und Layout: Berliner Buchwerkstatt, Britta Dieterle/Ulrike Sindlinger
Druck: Messedruck Leipzig GmbH
Printed in Germany

Gedruckt auf alterungsbeständigem Papier mit chlorfrei gebleichtem Zellstoff.

Die Schreibweise entspricht den Regeln der neuen Rechtschreibung.